ENFANTS DU MONDE

I0867262

LA CULTURE ET LA DIVERSITÉ

MARIE MURRAY

HANANE KAI

Texte français de

MARIE-JOSÉE BRIÈRE

SCHOLASTIC

Catalogage avant publication de Bibliothèque et Archives Canada

Titre: La culture et la diversité / Marie Murray; illustrations de Hanane Kai;
texte français de Marie-Josée Brière.
Autres titres: Culture and diversity. Français
Noms: Murray, Marie (Écrivaine pour la jeunesse), auteur. | Kai, Hanane,
illustrateur. Description: Mention de collection: Enfants du monde |
Traduction de : Culture and diversity. | Comprend un index.
Identifiants: Canadiana 20200411586 | ISBN 9781443189323 (couverture souple)
Vedettes-matière: RVM: Diversité culturelle—Ouvrages pour la jeunesse. |
RVM: Tolérance—Ouvrages pour la jeunesse. | RVM: Culture—Ouvrages pour la jeunesse.
Classification: LCC HM1271 .M8714 2021 | CDD j305.8—dc23

Publié initialement au Royaume-Uni en 2020 par Wayland sous le titre
Children in Our World – Culture and Diversity

Édition publiée par les Éditions Scholastic, 604, rue King Ouest, Toronto (Ontario)
M5V 1E1, Canada.

6 5 4 3 2 Imprimé en Chine CP159 23 24 25 26 27

Texturation des illustrations : Mariela Gallegos
Conception graphique : Hanane Kai

Table des matières

Pense un instant à la maison où tu habites. De quoi est-elle faite et à quoi ressemble-t-elle? Qui vit là, avec toi? Quels aliments mangez-vous? Dans quelles langues vous parlez-vous? Quelles grandes fêtes célébrez-vous, et en quoi crois-tu?

Les réponses à ces questions te paraissent probablement tout à fait normales, mais elles pourraient sembler bizarres pour quelqu'un qui vit dans une autre partie du monde, ou même dans une autre région de ton propre pays.

Les habitudes de vie des gens, leur façon de travailler et les choses auxquelles ils croient font partie de leur culture, tout comme la nourriture qu'ils mangent, les vêtements qu'ils portent et la langue qu'ils parlent. Même la musique qu'ils écoutent fait partie de leur culture.

Nous partageons souvent un sentiment d'appartenance avec les gens qui ont la même culture que nous. Cela nous aide à sentir que nous faisons partie d'un groupe.

Il y a des centaines de cultures différentes dans le monde. C’est ce qui donne au monde sa diversité culturelle et en fait un endroit plein de vie.

Imagine à quel point ce serait ennuyant s’il y avait seulement une culture dans le monde entier! Personne ne voudrait voyager parce que tout serait pareil partout. Les gens porteraient les mêmes vêtements, auraient le même genre de maisons, mangeraient la même nourriture, occuperaient les mêmes emplois et s’intéresseraient aux mêmes choses.

Nous ne naissons pas avec une culture particulière. Nous l'apprenons de nos parents. Des gens de cultures différentes peuvent vivre dans le même pays. Une petite fille qui est élevée par des parents chinois aux États-Unis peut aussi être américaine. Mais sa culture sera peut-être différente de celle de son amie dont la famille vit depuis longtemps aux États-Unis.

Le climat et la géographie contribuent à façonner notre culture. Il y a des gens qui vivent dans des endroits chauds, d'autres, dans des endroits froids. Certains vivent dans les plaines, dans les collines ou dans les montagnes, près de l'océan, dans le désert ou sur des îles. Et beaucoup vivent dans des villes et des villages. Ces endroits différents ont une influence sur la nourriture que les gens mangent, les vêtements qu'ils portent, la façon dont ils construisent leurs maisons, et même ce qu'ils font comme travail et pour se divertir.

La culture est aussi influencée par les coutumes et les traditions. Les gens les apprennent de leurs parents ou de leurs grands-parents, qui les ont eux-mêmes apprises de la même façon. Tout cela finit par devenir un mode de vie. Il y a une foule de danses, de chansons et de mets qui font partie des différentes cultures depuis des centaines d'années.

De quelle façon manges-tu? Dans certaines cultures, les gens utilisent un couteau et une fourchette. Dans d'autres cultures, ils utilisent des baguettes. Et dans d'autres encore, les repas sont servis sur un grand pain plat et tout le monde en déchire des morceaux avec ses doigts.

Les valeurs, ce sont les croyances des gens, ou leurs façons de vivre. Dans certaines cultures, il est important de passer beaucoup de temps en famille. Dans d'autres, l'essentiel, c'est de travailler fort et de bien réussir individuellement. À certains endroits, la contribution à la vie de la communauté est primordiale.

Des valeurs fortes peuvent amener les gens à améliorer le monde. Ils peuvent prendre soin des membres de leur famille qui sont malades, ou donner de leur temps pour aider des personnes sans abri ou pour chercher à protéger l'environnement.

Beaucoup de gens pratiquent une religion. Ils trouvent que la religion donne un sens à leur vie. Ces gens se rencontrent pour prier dans un endroit comme une église, une mosquée, un temple ou une synagogue. Ils célèbrent de grandes fêtes comme Noël, le Ramadan, Hanoukka ou Divali.

Certaines personnes portent des vêtements particuliers pour montrer quelle est leur religion. Elles peuvent aussi éviter certains aliments ou certaines boissons à cause de cette religion.

Il y a aussi beaucoup de gens qui décident de ne pratiquer aucune religion, mais qui apprécient quand même les traditions religieuses associées à leur culture. Ils peuvent, par exemple, célébrer Noël, qui est une grande fête chrétienne, même s'ils ne sont pas eux-mêmes chrétiens.

Il existe aussi de grandes fêtes qui n'ont rien à voir avec la religion, mais qui sont des éléments importants des différentes cultures. C'est le cas, par exemple, des célébrations du Nouvel An, des fêtes d'anniversaire ou des activités soulignant les changements de saisons.

De nos jours, il y a souvent des personnes de cultures différentes qui vivent au même endroit, ou encore qui se rencontrent au cours de voyages.

Nous avons beaucoup à apprendre des gens qui nous entourent. Quand nous faisons preuve de curiosité et que nous nous traitons tous avec respect, nous pouvons comprendre et apprécier les nombreuses cultures du monde. Quand des personnes de cultures différentes se rencontrent, c'est pour elles une chance merveilleuse de voir qu'il y a toutes sortes de façons de vivre.

Il peut toutefois arriver que les différences fassent peur aux gens. Les personnes qui s'installent dans un nouveau pays portent le nom de « migrants ». Alors, les gens qui vivent déjà dans ce pays peuvent constater, par exemple, que ces migrants s'habillent différemment d'eux, qu'ils parlent une langue différente et qu'ils ont des croyances différentes. Si les gens ont peur que leur façon de vivre change à cause des nouveaux venus, ils peuvent parfois les ignorer, ou même rire d'eux ou leur dire des choses cruelles.

Comment te sentirais-tu si des gens ne voulaient pas que tu sois là et te traitaient avec méchanceté simplement parce que tu ne corresponds pas à leur culture?

Il peut y avoir des éléments que tu n'aimes pas ou que tu n'approuves pas dans la culture d'une autre personne. C'est normal que les gens n'aiment pas tous les mêmes choses. Mais c'est important d'être gentil et d'essayer de comprendre pourquoi les gens font ce qu'ils font, parce qu'ils ont probablement une bonne raison de le faire.

La rencontre de personnes de cultures différentes nous aide à développer notre empathie. L'empathie, c'est la capacité de comprendre ce que les autres ressentent et de voir le monde avec leurs yeux. Lire des livres sur des gens qui ont une vie différente de la nôtre est un excellent moyen de découvrir d'autres cultures et de développer notre empathie.

Tu auras sûrement des occasions de connaître des gens très différents de toi. C'est passionnant d'apprendre des choses sur eux et de partager des choses sur toi. C'est utile de poser des questions et de montrer que tu veux apprendre à les connaître, mais il ne faut jamais oublier de faire preuve de respect. Si tu aimes un aliment auquel tu n'avais jamais goûté, tu peux demander comment il est préparé et essayer d'en préparer aussi. Et si des gens parlent une langue différente de la tienne, tu peux en apprendre quelques mots.

À ton avis, quels sont les autres moyens de montrer aux gens qu'ils sont les bienvenus, de t'informer sur leur culture et de partager ta propre culture avec eux?

Dans la même collection

La pauvreté et la faim

Les réfugiés et les migrants

La guerre et le terrorisme

Le racisme et l'intolérance

Glossaire

climat : conditions météorologiques dans un endroit donné

communauté : groupe de personnes qui vivent souvent tout près les unes des autres

contribuer : faire un don ou aider à produire un résultat

culture : comportements, intérêts, coutumes et mode de vie d'un groupe de personnes

divers : très varié

diversité : inclusion de nombreuses personnes d'origines différentes

géographie : caractéristiques physiques d'une région terrestre ou marine

grande fête : célébration qui réunit beaucoup de gens

migrants : personnes qui quittent leur pays pour s'installer dans un autre pays

Nouvel An : célébration qui marque la fin d'une année et le début de l'année suivante

occasions : possibilités de faire des choses qu'on voudrait faire

plaines : zones de terre qui sont en grande partie plates et où il n'y a pas beaucoup d'arbres

religion : croyances partagées par un groupe de personnes qui se réunissent souvent pour prier

respectueux : qui traite quelqu'un ou quelque chose avec dignité

vivant : animé, coloré et énergique

Index